VIDA DUPLA

Mariana Ianelli

Conheça melhor
a Biblioteca Madrinha Lua.

editorapeiropolis.com.br/madrinha-lua

VIDA DUPLA
Mariana
Ianelli
EDITORA
Peirópolis
São Paulo, 2022

EDITORA **Renata Farhat Borges**

COORDENADORA DA COLEÇÃO **Ana Elisa Ribeiro**

PROJETO GRÁFICO E DIAGRAMAÇÃO **Gabriela Araujo F. Oliveira**

REVISÃO **Mineo Takatama**

Dados internacionais de Catalogação na Publicação (CIP)
de acordo com ISBD

Ianelli, Mariana

Vida dupla / Mariana Ianelli – São Paulo:
Peirópolis, 2022.
72 p.; 12 x 19 cm. (Coleção Biblioteca Madrinha Lua)

ISBN 978-65-5931-216-0

1. Poesia. 2. Literatura brasileira. 3. Poesia
contemporânea. I. Título. II. Série.

CDD 869.91

Bibliotecário Responsável: Oscar Garcia – CRB-8/8043

Índice para catálogo sistemático:
1. Poesia brasileira. 869.91

Editado conforme o Acordo Ortográfico
da Língua Portuguesa de 1990.

1ª edição, 2022

Editora Peirópolis Ltda.
Rua Girassol, 310f – Vila Madalena
05433-000 – São Paulo – SP
tel.: (11) 3816-0699
vendas@editorapeiropolis.com.br
www.editorapeiropolis.com.br

pétala a menos calidez a mais.

Síntese
OBRA COMPLETA Henriqueta Lisboa

PREFÁCIO

A alma na alma do livro

Simone de Andrade Neves

Algo de dádiva, de uma alegria muito pessoal das que se atribui às bênçãos, receber o convite para escrever o prefácio de um livro de Mariana Ianelli, uma das poetas que mais me encantam e da qual tenho sempre um livro ao redor da cabeceira, na mesa de trabalho. Soma e compõe essa alegria ser a Biblioteca Madrinha Lua homenagem ao livro que amo da poeta Henriqueta Lisboa, pequena joia de onze poemas lapidados, rendados no apuro, na alma de Minas Gerais transcendida com a potência de versos que se projetam no espaço, revelando o poder dos signos, como este *Vida dupla*.

A força do corpo, só o fazer iniciado sobre os versos possibilita vir a lume a beleza nomeada *Vida dupla*, título que conheci no instante do arquivo sobre a caixa de mensagens. E me veio à lembrança tema desenvolvido pelo filósofo Clément Rosset, em especial *O real e seu duplo*, livro tão ímpar e necessário aos que se propõem

a encontrar veios para construir um poema,
quando a realidade se apresenta e firma diante
do que está externo à realidade mesma.

Neste *Vida dupla*, há poesia de necessária beleza sobre a
qual se escolhe aprofundar o olhar para versos
que se revelarão como sumidouros dos rios
serpenteando nas rochas, escondendo no escuro
um outro significado que se revela e reafirma
na presença da luz, luz que brilhará do túnel
do fundo dos teus olhos, caro leitor.

Há a possível escolha por um passeio arrastando a leveza
dos passos do leitor sobre um vau dos versos
de uma beleza construtivamente fresca – a
linguagem da poeta Mariana – linda e rara, das
que só iniciados talhadores de versos entregam
ao mundo. É Mariana, nesta coleção dedicada a
Henriqueta Lisboa! Fluidez de água fresca, veio
e luz transportada em águas.

Eu entrei em mim e fui fabulação de outrem; as antíteses
se ofertam em dissintonias amalgamadas
desses poemas com seus corpos bonitos, quase
todos decimais.

O espelho da construção desses poemas. Poesia senhora de
palavras precisas que aos olhos vão ganhando
a dinâmica certeira de flechas na trajetória do
alvo. Em *Vida dupla*, o leitor pode se encontrar
hospedeiro, o sujeito do poema em que o olho
corre o verso com o acolhimento de uma casa –
a beleza e o jogo escamoteado de "Parte de tudo",
no limiar das partes apresentadas em fendas,

como se fosse possível, em um túnel, escolher,
e podemos(!), uma direção para ler o poema.

Adentra o leitor numa bonita casa sensorial, redescoberta no escuro com seus signos vindos de uma vida antiga, ou de uma outra nova vida que se apresenta. A percepção do mundo se abrindo num clarificar cresce acompanhando a leitura deste livro e cresce um saciar de algo muito espontâneo, preso nas vísceras onde se aceita o risco e a ele se entrega.

Os três poemas nomeados ao Caraça, desde a caraça inserta num poema, possibilitam o percurso em sequência de atos, como um *travelling* por silêncios fantasmagóricos, vindo ao plano a representação do ermitão e por ele conduzido ao exercício de apagamento até este se fazer nascedouro. A presença das ruínas rescende no terceiro poema ao tema da caraça no descortinado de paisagens, aromas e sabores que os versos apresentam aos olhos no correr do lugar tão singularmente utilizado como veio neste belo livro e aonde foi Henriqueta Lisboa buscar esteio para o seu *Montanha viva.*

Desapego e ausência encontram uma paisagem metaforizada em troncos, na presença das aves e no filo que trazem pessoas como que ressurgidas de outros tempos, nos entregando a língua desinfecta do agora e o esquecimento que do alto da montanha, silente, se faz a cara presente na pedra.

Atire a primeira pedra aquele que não se rendeu à inesperada indagação formulada envolta em puro encanto: "doutor alguém então me diga / para onde vai esta sangria / do pensamento que sente?". Poema puxado pela ciranda: "Onde?" Técnica e perícia em que se indaga por palavras e o cume do poema no centro de uma palavra precisamente inserida. Pássaro entrecruzando um acontecimento corporificado pela linguagem do poema. Descortinando em flor a cara noite iluminada e perfumada pelos sentidos de versos tão singularmente bonitos.

A flecha faz sua chaga e êxtase, dor e prazer, tomam-se para o eterno retorno do compasso na contrafação entre o sagrado e o profano esses partidos de um mesmo centro, entregando a beleza ao poema, ao barulho sincronizado de um tropel acontecido de algo que atravessa, como que aberto pela trajetória da flecha, para, na sequência, através do diálogo resultante, propor à alma uma valsa em duas intensidades de sentidos.

Este livro releva imagens únicas, encantadas, com sua construção pulverizada pelo perfume de palavras raras: memento, alcândor, olorosa, vergel, causando um efeito de espoque aos olhos. E tudo se revela, caro leitor, dual, como a espiã no momento imensurável de uma guerra, filando um outro tempo para ser lido nos objetos e na reação da química das cores expostas aos dias, correndo, na formação de um outro contar do que se assemelharia ao que organizamos como calendário.

Aqui estão mulher e homem contidos em um mesmo corpo de poema, vez um, vez outro fazendo possível pelo recurso da paisana transpô-los em um claustro espelhado, uma outra vida por onde andar em busca de personagens. E vestir-se à paisana contornar o desmaterializado para a trama, uma estudada gentileza neste livro reverberado pelo movimento, pela transformação de significados e pela permanência.

Vida dupla é um livro que não termina no seu último poema, "Esses corações", e continua pulsando depois da leitura, batendo a sede de retorno. Vaticino que após a leitura há o leitor de voltar a este universo múltiplo de beleza e de sentidos e estará dentro de ti, leitor, a voz presente no poema "Lorca": "há uma canção que nunca aprendeu a morrer..." aberto teu corpo pela sede desta poesia, como o meu está após a leitura: "o que o corpo dá / a palavra come".

■ *Simone de Andrade Neves é poeta, autora de* Corpos em marcha *(Scriptum) e* Terrário *(Demônio Negro).*

a dois

Havemos de nos tocar
também assim
os olhos de um onde
os olhos do outro
o corpo de um onde
o corpo do outro
havemos de nos penetrar assim
um na fabulação do outro
havemos de ser às vezes esses dois
foragidos da solidão.

flecha

A palavra maturada
por décadas de horas
a palavra alcoólica
que tonteia
com alma de jasmim
que te fira
te espicace
o orgulho da razão
que te transpasse
de delícia.

hospedeiro

Bicho de sombra
sempre com fome
come da tua mão
cada vez menos
esquálido escuro
do medo
mendicante
agora se esconde
agora se emenda
agora não mais te engole.

parte de tudo

Qual tua parte confia
qual porfia
qual se enfurna
qual tua parte é fibra
e qual é sumo
e qual se inflama
basta um gesto
se derrama
até a parte em seu todo
ser o todo de tudo?

olhos fechados

Vem, pequeno tempo
momento
do olhar tátil pela casa
a casa adentrando o corpo
cada célula flor de sândalo
água iluminada
vem, grande tempo
memento
morada ensimesmada
de lembrar.

múltiplo

Disseram que era amor
e era fogo de pele.
Uma tarde numa ilha.
Depois – de novo – amor
e era um quarto no escuro.
Um medo encilhado.
Afeição ao hábito.
Um pacto. Um vício.
E porque em mim era amor
podia ser tudo isso.

quinze anos

Tinha rosto de menina
aflorando em moça
tinha o corpo algodoado
no lugar de vísceras
pálpebras guardando nada
e brilhava sua inteireza
ainda agarrada à vida
quem arriscou encarar
a olho nu o sol no eclipse
arriscou queimar a vista.

caraça (I)

Loba ruiva de botas pretas
subindo da mata
até o átrio da igreja
por uma bandeja de ossos
que destrincha sonoramente
e os olhos à sua volta
em difícil silêncio
de homens fantasmagóricos
comendo
comendo dessa beleza.

dúvida

Quase uma verdade
de tão bonito que é
mas me faz rir
confesso que me faz rir
quando alguém professa
que pensar
é curativo de paixões
doutor alguém então me diga
para onde vai esta sangria
do pensamento que sente?

onde?

Onde será
fora da jaula
onde nem rastro
de pluma
onde a cor
do alcândor
a liberdade
do azul anônimo
onde o amor
sem a palavra amor.

pássaro

A essa hora
no verão de um ano velho
éramos nós
no vão da escada suja
o eco de um riso
se chocando entre paredes
pássaro desesperado
que nos nasceu
sem conhecer outro céu
ou ver a luz do dia.

só a noite

Desta vez
sem desígnio
sem gozo postiço
só a noite
ela mesma desta vez
o motivo
da tua pele olorosa
de corola
se aprazendo sob a lua
sem juízo.

pecado

Este peito marcado
esta carne que freme
esta radícula luminescente
do nervo drapejando
quando sente
este coração doendo no tempo
maciez onde a flecha
faz sua festa de chaga e êxtase
esta matéria da inveja
dos anjos e dos deuses.

tropel

Tantas e tantos poetas
já cantaram essa visão
de éguas e corcéis
o laminado dessa dança
o espanto sonoro
lancetando
de dupla escuridão
o ar da noite
quem sabe esta noite
também aconteça contigo.

sobre a alma

Ouvi dizer que a alma
é um cristal de rocha
de lucidez implacável
e máxima sutileza
que é severa e não é doce
embora sua transparência
quase coincida com um carinho
dura e suave – suave e dura
sem nisso haver contradição
que não seja a da poesia.

para todas as viagens

Por certo
a selva escura no caminho
a chispa do imprevisto
a margem de delírio
por certo
o ambívio
o silêncio hieroglífico
o arcano irresolvido
o resto
são dúvidas.

parte espiã

Nenhuma paz
só horas de trégua
num dia uma aragem
numa noite um frouxel
e a tua parte que ama
que é a contraface da morte
tua inteligência secreta
essa parte que ama
e mal dorme
espiã infiel de guerra.

outro tempo

Fora os ponteiros
o verão está chegando
dizem as folhas da figueira
fora os cronômetros
é dentro de uma flor
de vitrais coloridos
o dia dando sua hora
agora vermelha
agora azul
agora violeta.

à paisana

É só um homem
e nem isso ostenta
nem boas novas nem seus afetos
são aos quatro ventos
anteontem saiu no frio
vestiu e calçou uma mulher
deu-lhe de beber
deu-lhe de comer
e reentrou em casa
como se nada tivesse feito.

olor

Isto que não se vê
além do casulo
mortal e erótico
isto que nos rodeia
que nos enreda
orgia de vergel
isto que exala
trescala
de ter estado
no claustro do outro.

caraça (II)

Aqui é onde os girinos proliferam
onde o musgo pegado ao tronco
debrua-se de vermelho
onde percutem os bicos dos tucanos
nas copas de todos os verdes
e onde ainda mora numa casinha
junto à horta do santuário
o último forro sobrevivente
dia a dia esquecendo-se mais
dia a dia mais sem nome e sorridente.

sonho à sombra de um carvalho

Um dia inteiro
de estudadas gentilezas
não importando
o ar de deboche alheio
um dia de anjo à paisana
no meio do desprezo
até a hora em que o homem cai
de exausto e assombrado
e sonha que o mundo é uma fornalha
de esculpir seres de pedra.

reverberação

A mesa de roda de carroça
o piano em seu segredo de marfim
os tocos de vela ainda nos candelabros
depois de mais de um século
e o alto luzeiro como um totem
entre a sala e o jardim
ecoando outra sala e outro jardim
numa espécie de surda fanfarra
no espelho acordado da noite
a casa nos ilumina de ausências.

o espetáculo de hoje

Desculpem o olho baço
o fundo seco de bilha
hoje a alma não está
hoje ela quer só um violino
desses barrocos que açulam
as alturas quando choram
desculpem não haver convites
nem ouvidos de coxia
hoje o espetáculo será triste
anonimamente triste.

corte

É uma fina letra rósea que cintila
inscrita no corpo
em pele cicatrizada
não é mais uma ferida
embora em noites muito frias
no último reduto chamado decúbito
algo na profundeza
entranhada dessa letra
volte a arder
em fresco lanho escarlate.

caraça (III)

A sala perfumada de café
a chapa no ponto de estalar os ovos
o pão respirando na mesa
todo esse saber oferecido
todos esses cuidados quentes e mudos
varados pela luz do sol nascente
e a poalha do instante nesse raio
um mundo de partículas brilhantes
galáxia eufórica de fantasia
nessa arte efêmera das manhãs.

quase uma parábola

Porque nunca escrevemos
uma linha juntos antes desta
porque viemos sem planos
porque a noite pela frente é longa
e somos livres sendo estranhos
eu te conto o segredo de um crime
em troca do teu segredo de túmulo
porque amanhã já estaremos longe
de novo cada um à própria sorte
sem nem deixar rastro de nomes.

duplo sol

O dia tem seus estiges
sua língua bífida
o dia nos desvia
desova miragens
alucina
mas à noite
à noite o deserto esfria
a espera é nua e tortura
o silêncio é de ponta de lâmina
outra luz ilumina.

orando

Nossa Senhora
dos amantes
bendita seja
que acolhe
ardor e cólera
como duas cores
de uma só labareda
bendita que cinge
os que enlouquecem
de desejo e beleza.

hora alta

Quantos nessa hora
de mar alto
não se rendem
quantos gigantes não choram
nessa hora da noite
quantas palavras
não se dizem por si mesmas
finalmente inteiras
nessa hora alta
quanta nudez de joelhos.

flor de fogo

De tanto arder
terra adentro
um dia subirá
às mãos e aos olhos
saberá o corpo
por sua própria ciência
são três partes do todo
feitas de sede
são sete partes
feitas de áscua.

espectro

Já desatento
do seu mundo extinto
desatado de sua história
por esquecimento
vaga no vento
o remanescente
do império de um tempo
que em seu declínio
se contenta e se absolve.
É isto um homem?

cético

Um dia o maravilhoso
canta o seu escândalo
e alguém desconfia
antes rodeia a coisa
antes a interroga
vai tentando habituar
o olho ao brilho
vai tentando devolver
ao nunca visto
o maravilhoso da coisa.

um gato entre castanheiros

Às vezes a alma é um gato de Amsterdã
pelo leque de pontes entre canais
buscando a Gabriël Metsustraat
lá onde o vento verdadeiramente faz a curva
até desembocar numa dupla de castanheiros
que uma mulher na época de Hitler
saudava da sua janela como amigos
dois fiéis amigos ascetas
que depois de mais de setenta invernos
ainda lá estão.

isto

Coube-me isto que pulsa
assustadoramente frágil
que pode se quebrar num tropeço
e me abocanha o tempo
e quer meu pensamento
e me disciplina à força.
Isso que ancora em vigilância
minhas deambulações mentais.
Coube-me isso que me apaixona
e não tem piedade.

intransferível

A hora contra o muro
ou à beira do abismo
a hora da concentração
antes do salto artístico
a da espera envelopada
na sala de anestesia
a do banco de tribunal
enquanto tarda o veredito
entre outras horas sem refúgio
que cada um vive sozinho.

lorca

Há uma canção que nunca aprendeu a morrer.
Contra a qual nada pode a fome dos fuzis.
Uma canção que é um céu sobre as ossadas
uma ideia de resistência apaixonada
um poder de pássaro nas palavras
uma tresloucada fé de algemas rompidas.
Uma canção que é a vida de mil estrelas de fogo
e cigarras e laranjas e auroras e bandolins.
Que ainda abre flores de sangue em canteiros
onde é amável a lua e sem desprezo um serafim.

azuis de outubro

Outubro outubro
quanto em seu azul já se passou.
Um beijo enlouquecendo o tempo
ao pé da escada de um pátio
azul-celeste
uma despedida escrita no escuro
o cheiro nauseante de uns lírios
um caminho salpicado de luzes
outubro outubro azul-marinho
o lancinante nascimento de um anjo.

calafrios

É por dentro um inverno súbito
quando te calam com um basta.
Quando um terceiro te revela
que era o amigo que te trapaceava.
Quando te aparece o rosto lívido do morto
e é o rosto lindo de uma criança.
Quando não te falta a vez mas te falta a voz
no centro algum momento importante.
Quando já é tarde para chegar
aonde alguém te esperou com ânsia de amor.

graça

Que dói a morte
para quem perdeu a memória
como se agora por toda a parte
um descampado
e o desassombro de caminhar
por entre as rachas
sobre um chão que não sustenta?
Que dói a morte
para quem já obteve a graça
do esquecimento?

esta palavra

Será por feitio
desse idioma outro
dentro da língua
que a palavra aprenda
a sussurrar íntima e dúbia
e assim assombre
de mistério o que diz
e assim exceda sempre
o já estudado
e toda a arquitetura pretendida?

átimo

Antes e depois cindidos por pouco
(embora o oco sem fundo
debaixo desse fino rasgo)
como se fosse possível
recuar um nada
e um pacto fantástico fosse concebível
uma oferta de décadas
em troca do momento mínimo
em que o acabado-de-acontecer
ainda não tivesse acontecido.

ser movido

Um perfume espraiado de incenso
subindo pela madrugada.
O começo de uma melodia.
Esse pensar no outro
sem que o outro desconfie.
Um fio na imensa teia que vibra.
A lua convergindo nossas vistas.
Asa apenas debuxada.
Afago de paina.
Aragem inopinada e cítrica.

aurora

Terra paciente
terra generosa
o corpo amanhece
no côncavo
de uma grande mão
depois acorda
goza a aurora
de adubar a fome
o que o corpo dá
a palavra come.

arquipélagos

Falam da noite dos tempos
de um eclipse – uma era abismal
mas no espelho das águas
quando as águas se acalmam
os astros são ilhéus de candeia.
Falam de um escuro sem fundo
da desolação
por onde passam os bárbaros
mas nós
nós falamos dos náufragos.

vista aérea

Um dia ali houve gente
que cantava e compartia
o mesmo prato de arroz.
Nem todos eram maus.
E foram se acabando
como o *Homo habilis*
como o *Homo erectus.*
Mas nem todos eram maus.
Alguns (com melhores chances)
teriam sido quase bons.

casa da mãe

É franquear a porta
e ser observado
povoado
ensopado de sombras
mesmo a porta sendo alta
agora o tronco é haste
involuntariamente
se inclina
saúda seus vivos
saúda seus mortos.

viva

A vida
mas sem medo
mar aberto
não o aquário morno
e nutritivo em que hibernam
só criaturas de sonho.
A vida viva
em cada rosto no tempo
com seu nervo ativo
e seu cristal.

a marca humana

Agora o que me importa
é a nota que desafina o coro
o casaco mal talhado
que ficou sobrando nos ombros
o elemento de exceção
e também os excessos
a célula da desordem
o rebento anômalo
o cômico e o patético enleados
agora eu quero a marca humana.

esses corações

Continuam juntos noivo e noiva
de uma fotografia de setembro
em Ouro Preto
ao pé da escada entre duas ruas?
E o menino no colo da mãe
que lhe gritava numa feira de domingo
que não deixaria de amá-la nunca?
Onde batem hoje esses corações?
Ou será que já não batem?
Onde estão?

POSFÁCIO

Henriquetiana

Ana Elisa Ribeiro

A poeta Mariana Ianelli é autora de vários livros de poemas, além de obra dirigida às crianças. Seu nome fez parte de tantas listas de prêmios e finalistas que me acostumei a ouvi-lo aí, numa espécie de espera calma pelo que certamente viria. Era como simplesmente sentar-me e assistir à sua passagem, com novas estrofes precisas e bem aparadas. O convite para que ela viesse ser amadrinhada por Henriqueta Lisboa teve muito que ver também com uma relação explícita que Mariana Ianelli tem com a poeta mineira. Estudiosas as duas, donas de um léxico ampliado, meio matemáticas, fazedoras de versos que apontam para um comedimento, mas que também cintilam.

Mariana não escreve poemas só com o básico. Ela se aproveita de outras cores e de outros tons, compondo paisagens, trinados e cenas que chegam tanto por meio de combinações de um vocabulário trivial quanto de sua mistura com o

extraordinário das palavras que nomeiam, que existem, mas que escapam ao nosso repertório comum. Por que não aprender o incomum? E não apenas quanto aos textos, mas, principalmente, quanto a um modo de olhar que a voz lírica deste *Vida dupla* ensina, incentiva, encoraja.

A presença de Mariana Ianelli entre as poetas desta biblioteca pode ser considerada óbvia; talvez nem dependesse de um convite explícito. O diálogo dela com Henriqueta torna-se, então, uma conversa linda que teremos o prazer de devassar.

A Biblioteca Madrinha Lua pretende reunir algumas das poetas que nos aparecem pelas frestas do mercado editorial, pelas fendas do debate literário amplo, pelas escotilhas oxidadas enquanto mergulhamos na literatura contemporânea. Já no final da vida, Henriqueta Lisboa, nossa poeta madrinha, se fazia uma pergunta dura, sem resposta previsível, em especial para as mulheres que escrevem: "Terá valido a pena a persistência?". Pois então. Acho que todas se perguntam isso, mais cedo ou mais tarde. Não terá sido por falta de persistência e de uma coleção como esta, poeta, à qual se integra agora a voz lírica e melodiosa de Mariana Ianelli.

ÍNDICE DE POEMAS

FONTES **Eskorte e Ronnia**
PAPEL **Pólen bold 70 g/m²**
TIRAGEM **1000**